I0000185

87
1118

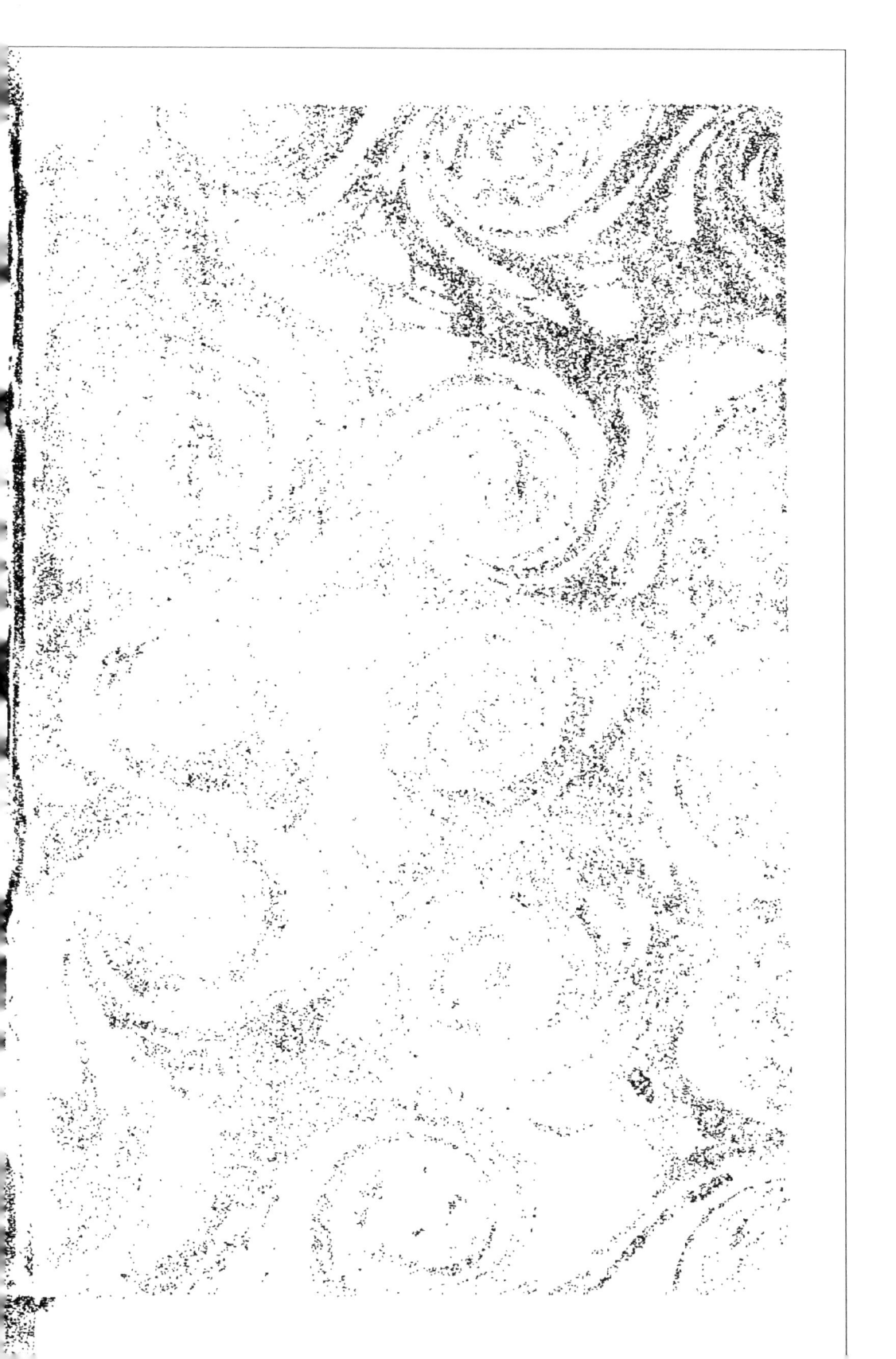

c' et   7957

8°

1118

NOUVEAUX
STATUTS
ET RÉGLEMENS
POUR LA COMMUNAUTÉ
DES MARCHANDS
VINAIGRIERS
DE LA VILLE,
FAUXBOURGS ET BANLIEUE
D'ORLÉANS.

A ORLÉANS,

De l'Imprimerie de JACQUES-PHILIPPE JACOB,
Imprimeur des Bailliage, Hôtel-de-Ville &
de la Police, rue Saint Sauveur. 1781.

DÉCLARATION
DU ROI,

Portant Établissement d'une Communauté de Marchands Fabricants de Vinaigre dans la Ville d'Orléans.

Donnée à Versailles le 30 Janvier 1778.

Regiſtrée en Parlement le 17 Février 1778.

LOUIS, par la grace de Dieu, Roi de France & de Navarre : A tous ceux qui ces préſentes Lettres verront, SALUT. Les Officiers de Police de notre Ville d'Orléans, Nous ont repréſenté que la

Communauté des Marchands Vinaigriers, établie en ladite Ville, dès
l'année 1580, avoit été supprimée par
l'Article premier de notre Édit du mois
d'Avril dernier ; & que, suivant les
dispositions du même Édit, le Commerce de Vinaigre étoit du nombre de
ceux que nous avons permis à tous nos
sujets d'exercer librement ; mais que
cette liberté indéfinie, qui pouvoit être
utile dans d'autres Villes, occasionne-
roit beaucoup d'abus & seroit sujette à
de grands inconvénients dans notre
Ville d'Orléans, où la fabrication &
le débit du Vinaigre, tant dans l'inté-
rieur de notre Royaume que chez l'É-
tranger, faisoit l'objet d'un Commerce
important, qui exigeoit une inspection
journaliere & occupoit un grand nombre de Citoyens qu'il seroit à propos
de réunir sous un même régime. Ces

confidérations Nous ayant paru mériter notre attention , Nous nous fommes fait repréfenter en notre Confeil les Lettres-Patentes d'Établiffement de ladite Communauté de l'année 1580 , les Statuts qui lui avoient été accordés en la même année , & confirmés en 1595, enfemble l'État des Maîtres de ladite Communauté , au nombre de près de trois cents ; & Nous nous fommes déterminés à former en ladite Ville une nouvelle Communauté de Marchands-Fabricants & Débitants de Vinaigre, à *l'inflar* des autres Communautés que Nous avons créées par notre Édit du mois d'Avril dernier. A CES CAUSES , & autres à ce Nous mouvants , de l'Avis de notre Confeil, de notre certaine fcience , pleine Puiffance & Autorité Royale , Nous avons dit , declaré & ordonné, & par ces préfentes fignées de

notre main, difons, déclarons & ordonnons, voulons & Nous plaît ce
qui fuit.

ARTICLE PREMIER.

NOUS avons créé & érigé, créons
& érigeons en notre Ville d'Orléans,
une Communauté de Marchands-Fabricants & Débitants de Vinaigre, la-
quelle jouira du Privilége exclufif de
fabriquer, vendre & débiter le Vinaigre dans ladite Ville & Fauxbourgs
d'icelle.

I I.

LES Droits de réception à la Maî-
trife de ladite Communauté, demeu-
reront fixés à la fomme de deux cents
livres, dont les trois quarts feront
perçus à notre profit, l'autre quart

appartiendra à la Communauté ; à la déduction d'un cinquième, lequel sera délivré aux Syndic & Adjoint pour leurs honoraires.

I I I.

CEUX qui avoient été reçus Maîtres dans l'ancienne Communauté des Vinaigriers de ladite Ville, seront admis dans la nouvelle, en payant dans trois mois, pour tout délai, le quart des droits ci-dessus fixés ; &, faute d'avoir payé ledit quart dans ledit délai, ils seront seulement Agrégés à ladite Communauté.

I V.

VOULONS que ceux qui avoient été reçus dans l'ancienne Communauté des Vinaigriers, soient qu'ils se

A iv

faffent rècevoir dans la nouvelle Communauté , ou qu'ils y foient Agrégés , puiffent continuer de fabriquer & vendre des Tonneaux en concurrence avec la Communauté des Menuifiers-Tonneliers & autres Ouvriers en Bois , érigés en Communauté par notre Édit du mois d'Avril dernier : à l'égard de ceux qui feront reçus à l'avenir, ils ne pourront fabriquer des Tonneaux que pour leur Commerce & confommation.

V.

VOULONS au furplus que notre Édit du mois d'Avril dernier , foit exécuté felon fa forme & teneur , pour ce qui concerne ladite nouvelle Communauté des Vinaigriers , comme pour les vingt autres Communautés dont l'état eft annexé fous le contre-Scel dudit Édit.

(9)

SI Donnons en Mandement à nos amés & féaux Confeillers, les Gens tenants notre Cour de Parlement à Paris, que ces Préfentes ils ayent à faire lire, publier & enrégiftrer, & le contenu en icelles garder, obferver & exécuter felon leur forme & teneur, nonobftant toutes chofes à ce contraires. CAR tel eft notre plaifir; en témoin de quoi Nous avons fait mettre notre Scel à ces Préfentes. DONNÈ à Verfailles, le trentieme jour de Janvier, l'an de grace, mil fept cent foixante-dix-huit, & de notre Regne le quatrieme. *Signé,* LOUIS. *Et plus bas,* par le Roi, AMELOT. Vu au Confeil, PHELYPEAUX. Et fcellée du grand Sceau de jaune.

Regiftrée, oüi & ce requerant le Procureur-Général du Roi, pour étre exécutée felon fa forme & teneur; &

Copie collationnée envoyée au Bailliage d'Orleans, pour y être lue, publiée & regiſtrée: Enjoint au Subſtitut du Procureur-General du Roi audit Siege d'y tenir la main, & d'en certifier la Cour dans le mois, ſuivant l'Arrêt de ce jour. A Paris en Parlement, les Grand Chambre & Tournelle aſſemblées le dix-ſept Fevrier mil ſept cent ſoixante-dix-huit.*

Signé, YSABEAU.

ARRÊT
DE LA COUR
DE PARLEMENT,

Portant Homologation des nouveaux Statuts & Réglements de la Communauté des Marchands Fabricants de Vinaigre de cette Ville, Fauxbourgs & Banlieue d'Orléans.

Du 24 Avril 1781.

LOUIS, par la grace de Dieu, Roi de France & de Navarre : au premier Huissier de notre Cour de Parlement, ou autre notre Huissier ou Sergent sur ce

requis. Savoir faisons que Vu par notredite Cour la Requête à Elle pré-
sentée par les Syndic , Adjoint & Députés de la Communauté des Marchands
Fabricants & Débitants de Vinaigre,
établie en la Ville , Fauxbourgs &
Banlieue d'Orléans , par Notre Déclaration du 30 Janvier 1778 , régistrée
en notredite Cour le 17 Février suivant , tendante à ce qu'il lui plût ordonner que le Réglement de Police,
concernant le régime & la discipline
de ladite Communauté des Vinaigriers
de la Ville d'Orléans , ensemble l'Ordonnance de Police rendue provisoi-
rement, & sous le bon plaisir de notredite Cour , le douze Juillet mil sept
cent quatre-vingt , seront homologuées
& régistrées en notredite Cour , pour
être exécutées selon leur forme & teneur, à l'exception néanmoins de l'Ar-

ticle VIII. dudit Réglement, qui fera reformé & rédigé ainsi qu'il suit.

» Aucuns Marchands ne pourront
» acheter, ni enmagasiner aigres Vins,
» Vins de Buffets, Cendres gravelées
» & autres Marchandises concernant
» l'Etat de Vinaigrier, ni les exposer en
» vente, avant d'avoir averti les Syndic
» & Adjoint qui feront tenus d'en aller
» faire la Visite sans retardement, pour
» en constater l'Etat & la qualité,
» dont ils délivreront un Certificat
» *gratis* : il sera néanmoins payé par
» lesdits Marchands auxdits Syndic &
» Adjoint un *Sol* par Piece ; & au cas
» où il se trouveroit des Marchandises
» défectueuses, il en sera dressé Procès-
» verbal, à l'effet d'être, par le Juge
» de Police, ordonné ce qu'il appar-
» tiendra. » Ordonner que l'Arrêt à
intervenir sera lu & publié, l'Audience

tenante de Police en ladite Ville d'Orléans, regiftré fur les Regiftres de ladite Communauté, & affiché par-tout
où befoin fera : Vu les Piéces attachées
à ladite Requête, fignée DESPREZ,
Procureur, du nombre defquelles eft
celle dont la teneur fuit.

REGLEMENT
DE POLICE,

POUR LA COMMUNAUTÈ des
des Vinaigriers de la Ville,
Fauxbourgs & Banlieue d'Or-
léans.

ARTICLE PREMIER.

LES MAITRES de la nouvelle
Communauté des Vinaigriers, établie
par la Déclaration du 30 Janvier mil

sept cent soixante-dix-huit, jouiront seuls du Privilége de fabriquer du Vinaigre & la Moutarde qu'ils vendront dans la Ville , Fauxbourgs & Banlieue d'Orléans ; en conséquence feront autorisés les Syndic & Adjoint à prendre connoissance des Vinaigres étrangers & non fabriqués dans ladite Ville, qui feront déclarés pour passer debout, & à empêcher le versement & le débit pendant la durée de l'Entrepôt, qui ne pourra être moindre que de trois jours francs par terre , & de huit jours francs par eau.

ARTICLE II.

L'APPRENTISSAGE nécessaire pour être reçu Maître dans ladite Ville, Fauxbourgs & Banlieue d'icelle , ne pourra être moindre que de deux années avant l'âge de vingt ans , & d'une année seulement pour ceux qui auront

vingt ans accomplis. Le Brevet en fera
paſſé pardevant Notaires , & n'aura
d'effet que du jour de l'enregiſtrement
ſur le Regiſtre de la Communauté :
ſera par l'Apprentif payé pour ledit
Enregiſtrement la ſomme de *Trois
livres* , dont moitié appartiendra aux
Syndic & Adjoint ; & moitié ſera ver-
ſée dans le Coffre de la Communauté.

ARTICLE III.

LES Etrangers qui ſe préſenteront
pour être reçus Maîtres, ſeront tenus
de juſtifier d'un Brevet d'Apprentiſſage
dans une Ville où il y a Jurande,
ſinon de faire l'Apprentiſſage ainſi
qu'il eſt preſcrit par l'Article précé-
dent. Ceux qui juſtifieront d'un Apprentiſſage , ſeront en outre tenus,
avant d'être admis à la reception,

de

de travailler chez un Maître de la Communauté pendant fix mois, qui certifiera de leur capacité & de leur bonne vie & mœurs.

ARTICLE IV.

IL ne pourra être employé pour la Fabrication du Vinaigre que de bonnes Matieres loyales & marchandes ; ne pourront lefdits Maîtres employer ni enmagafiner aucuns Cidres ni autres Liqueurs dont on puiffe faire Vinaigre, à peine de Saifie, de Confifcation & d'Amende.

ARTICLE V.

NE pourront lefdits Maîtres faire ufage que de Vaiffeaux & Uftenfiles propres & bien conditionnés, à peine

B

d'amende ; & feront autorifés les Syndic & Adjoint, lors de leurs Vifites,
à faifir lefdits Vaiffeaux & Uftenfiles
défectueux, même à les faire brifer,
s'il y a lieu.

ARTICLE VI.

LES Lettres-Patentes du deux Janvier mil fept cent quarante-neuf, con-
tinueront d'être exécutées, en conféquence les Ouvriers qui fe feront loués
chez les Maîtres, ne pourront en fortir
avant d'avoir rempli le temps de leurs
engagements, ou fans avoir obtenu le
confentement defdits Maîtres, à peine
de *dix livres* d'Amende. Ne pourront
pareillement les Maîtres de la Communauté, prendre un Ouvrier fortant
chez un autre Maître, s'ils ne fe font
affurés qu'il a rempli le temps de fon

engagement, ou s'il ne leur a pas jus-
tifié du confentement du Maître chez
lequel l'Ouvrier s'étoit engagé, à peine
de *dix livres* d'Amende.

ARTICLE VII.

LES Veuves des Maîtres qui auront
fatisfait à la Déclaration du 30 Janvier
mil fept cent foixante-dix-huit, pourront continuer l'Etat de leurs Maris,
en fe conformant aux Staturs & Réglements de ladite Communauté ; ne
pourront cependant faire d'Apprentifs,
mais feulement conferver ceux dont
l'Apprentiffage feroit commencé, &
dont les Brevets feroient enrégiftrés.

ARTICLE VIII.

AUCUNS Maîtres de ladite Com-

B ij

munauté ne pourront acheter ni enma-
gaſiner aigres Vins ; Vins de Buffet ;
Cendres gravelées & autres Marchan-
diſes concernant l'Etat de Vinaigrier,
ni les expoſer en vente, avant d'avoir
averti les Syndic & Adjoint, qui ſeront tenus d'en aller en faire la viſite
ſans retardement, pour en conſtater
l'état & la qualité, dont ils délivreront
un Certificat *gratis* : il ſera néanmoins payé par leſdits Maîtres auxdits
Syndic & Adjoint *Un Sol* par Piece ;
& au cas où il ſe trouveroit des Mar-
chandiſes défectueuſes, il en ſera dreſſé
Procès-verbal, à l'effet d'être par les
Juges de Police ordonné ce qu'il appartiendra.

ARTICLE IX.

NE pourront les Maîtres de le

Communauté employer à la Fabrication des Vinaigres, que des Vins &
Lies de l'Orléanois, fans pouvoir en
tirer des autres Provinces qu'avec la
Permiffion des Juges de Police : ne
pourront pareillement faire venir des
Vinaigres fabriqués ailleurs, pour les
dépoter ou tranfvafer dans des Vaiffeaux de la Jauge d'Orléans, à peine
d'amende & confifcation.

ARTICLE X.

LES Maîtres, qui par l'étendue de
leur Commerce, auroient befoin d'un
Magafin féparé de leur Boutique, feront
tenus de fe pourvoir par devers les
Juges de Police, qui ordonneront ce
qu'ils appartiendra : ne pourront cependant lefdits Maîtres vendre ni débiter dans ledit Magafin, & feront

tenus d'y fouffrir les Vifites des Syndic & Adjoint à toute requifition.

A R T I C L E X I.

L E s Syndic & Adjoint feront tenus de faire quatre Vifites générales
par chacun an , & ils feront autorifés
à choifir deux d'entre les Députés
pour les accompagner : feront tenus
les Maîtres de donner auxdits Syndic
& Adjoint *Dix fols* par chacune defdites Vifites générales , dont moitié
fera pour les Syndic & Adjoint , &
moitié verfée dans le Coffre de la
Communauté : pourront néanmoins
lefdits Syndic & Adjoint faire , fuivant
l'exigence des cas , toutes autres Vifites
qu'ils jugeront à propos, fans frais.

*V u , conformément aux Conclufions
par Moi données cejourd'hui , & étant*

de la Requête rendue par Ordonnance
en fin de soit à Moi communiqué, en date
du sept Juillet de l'année derniere mil
sept cent soixante - dix-neuf. A Orléans, le dix Juillet mil sept cent
quatre-vingt.

Signé, ROBERT DE MASSY,
pour l'absence du Procureur du Roi,

VU par Nous Lieutenant-Général
de Police de la Ville, Fauxbourgs
& Banlieue ; cotté & paraphé. A
Orléans, le douze Juillet mil sept cent
quatre-vingt.

Signé, MIRON,

Lu & publié, l'Audience tenante
de la Police d'Orléans, cejourd'hui
douze Juillet mil sept cent quatre-
vingt.

Signé, DOULCERON,

B iv

Regiſtré ès Regiſtres du Greffe de la Police d'Orléans, en exécution de l'Ordonnance rendue audit Siege, ce-jourdhui douze Juillet mil ſept cent quatre-vingt-un.

Signé, DOULCERON.

ORDONNANCE
DE POLICE,

Portant enregiſtrement d'un Projet de Statuts pour la Communauté des Vinaigriers.

A TOUS ceux qui ces préſentes Lettres verront : AMY-FRANÇOIS MIRON, Conſeiller du Roi, & de Son Alteſſe Séréniſſime Monſeigneur le Premier Prince du Sang, Duc d'Orléans , Lieutenant-Général de Police de la Ville , Fauxbourgs & Banlieue d'Orléans , S A L U T. Savoir faifons : Vu la Requête à Nous préfentée par Charles Menager , Syndic , & Louis Moizard , Adjoint de la Communauté des Marchands & Fabricants de Vinaigre , de la Ville , Fauxbourgs & Banlieue d'Orléans , expofitive qu'ils ont obtenu de Sa Majefté & de fon Confeil , de nouveaux Réglements concernant ladite Communauté ; qui nous ont été ordonnés , en forte que pour , par les Suppliants & tous les Maîtres de ladite Communauté & Agrégés d'icelle , les obferver & exécuter , il eft néceffaire préalablement de les faire regiftrer en notre Greffe , en conféquence requiert qu'il Nous plaife ordonner que les nouveaux Réglements accordés à leurdite Communauté , fe-

ront regiftrés en notre Greffe pour être
exécutés felon leur forme & teneur ;
ce faifant , que tous les Maîtres &
Agrégés feront tenus de s'y conformer,
le tout fous le bon plaifir de la Cour ,
& jufqu'à ce qu'ils y ayent été regiftrés , ou qu'il en ait été autrement
ordonné ; ladite Requête fignée en fin
des Suppliants & Tivier , Procureur :
Notre Ordonnance de foit communiqué au Procureur du Roi , du fept
Juillet mil fept cent foixante-dix-neuf,
Conclufions du Procureur du Roi du
dix Juillet préfente année mil fept cent
quatre-vingt , figné ROBERT , Avocat,
pour l'abfence des Gens du Roi.

V U aufli le Projet de Réglement
de Police pour la Communauté des
Marchands Fabricants & Débitants de
Vinaigre de cette Ville , Fauxbourgs

& Banlieue d'Orléans, contenant onze
Articles sur trois Rôles de grand Pa-
pier, de Nous signés, cottés & para-
phés ainsi que du Procureur du Roi,
au bas de chaque page, & daté du
12 Juillet présent mois.

LE TOUT CONSIDÉRÉ,
faisant droit sur la Requête de Charles
Menager, Syndic & Louis Moizard,
Adjoint de la Communauté des Maî-
tres-Marchands Fabricants & Débitants
de Vinaigre de cette Ville, Nous
Ordonnons, oüi & ce consentant le
Procureur du Roi, par provision, sous
le bon plaisir de la Cour, & jusqu'à
ce qu'il en ait été autrement ordonné,
que le Projet de Réglement, pour ser-
vir au Régime & à la Discipline de
ladite Communauté des Vinaigriers de
cette Ville, contenant onze Articles,

sera regiſtré en notre Greffe, pour être exécuté ſuivant ſa forme & teneur, & être obſervé par tous les Maîtres & Agrégés de ladite Communauté, à peine d'Amende contre les Contrevenants, & ſous telles autres peines qu'il appartiendra en cas de récidive ; Ordonnons en outre que ledit Projet de Réglement ſera lu, publié (notre Audience tenante) & imprimé à ce que nul n'en ignore.

DONNÉ & arrêté en la Chambre du Conſeil de la Police d'Orléans, par NOUS, Conſeiller du Roi, Lieutenant - Général de Police, ſuſdit, Préſident, aſſiſté de MM. Seurrat de Guilleville, *Maire* ; Miron-Levaſſor, & De Buzonniere, *Echevins* ; le Mercredi douze Juillet mil ſept cent quatre-vingt. *Signé*, GUEINAND.

LEDIT PROJET de Réglement a été dreſſé & homologué par les ſoins de CHARLES MENAGEu, Syndic, & LOUIS MOIZARD, Adjoint de ladite Communauté.

DÈPUTÉS , Jean Clergeau ; Jacques Michel ; Pierre Barcé ; Pierre Foucault ; Loüis Chatelain ; Jean-Pierre Lauriau ; Pierre Lablée ; Jean Lion ; Jean-Baptiſte Delahaye ; Noël Quau.

CONCLUSIONS de notre Pro-cureur-Général : Oüi le Rapport de Me. François - Emmanuël Pommyer, Conſeiller ; Tout conſidéré :

NOTREDITE COUR ordonne que le Réglement de Police & l'Or-

donnance dont il s'agit., feront homo-
logués en notredite Cour., pour être
exécutés felon leur forme & teneur ,
à l'exception néanmoins de l'Article
VIII. dudit Réglement , qui fera ré-
formé & rédigé ainfi qu'il fuit : » Au-
» cuns Marchands ne pourront acheter ,
» ni enmagafiner aigres Vins , Vins
» de Buffets , Cendres gravelées & au-
» tres Marchandifes concernant l'Etat
» de Vinaigrier , ni les expofer en ven-
» te , avant d'avoir avertis les Syndic
» & Adjoint , qui feront tenus d'en aller
» faire la Vifite fans retardement , pour
» en conftater l'état & la qualité, dont
» ils délivreront Certificat *gratis* : il
» fera néanmoins payé par lefdits Mar-
» chands auxdits Syndic & Adjoint *Un*
» *Sol* par piece ; & en càs où il fe
» trouveroit des Marchandifes défec-
» tueufes , il en fera dreffé Procès-ver-

» bal , à l'effet d'être par le Juge de
» Police ordonné ce qu'il appartiendra.»
ORDONNE que le préfent Arrêt fera lu & publié, l'Audience tenante de
Police , en ladite Ville d'Orléans , regiftré fur les Regiftres de ladite Communauté , & affiché par-tout où befoin fera. Si MANDONS audit premier Huiffier de notredite Cour de
Parlement, ou autre notre Huiffier ou
Sergent fur ce requis, mettre le préfent Arrêt à due, pleine & entiere exécution , en tout fon contenu , felon
fa forme & teneur : de ce faire te
donnons pouvoir.

DONNÈ en notredite Cour de
Parlement le vingt-quatre Avril l'An
de grace mil fept cent quatre-vingt-nn,
& de notre Regne le feptieme. Collationné BERTHELOT. Par la Chambre,
LEBRET. Et Scellé.

L'ARRÊT ci-*deſſus* a été lu &
publié, l'Audience de la Police tenante en la maniere accoutnmée ; ce
fait, a été regiſtré au Greffe dudit
Siege , ſur le requis de *Louis Moizard*
& *Henry Daudin*, Syndic & Adjoint
de ladite Communauté , cejourd'hui
trente Mai mil ſept cent quatre-
vingt-un

  Signé , DOULCERON.

ORDONNANCE

ORDONNANCE

De Publication & Enregistrement de l'Arrêt de la Cour du vingt-quatre Avril 1781.

A TOUS ceux qui ces préntes Lettres verront : AMY-FRANÇOIS MIRON, Conseiller du Roi & de Son Altesse Sérénissime Monseigneur le Premier Prince du Sang, Duc d'Orléans, Lieutenant-Général de Police de la Ville, Fauxbourgs & Banlieue d'Orléans, SALUT. Savoir faisons que Vu par Nous l'Arrêt de la Cour de Parlement de Paris du vingt-quatre Avril présente année mil sept cent quatre-vingt-un, collationné, signé

C

Berthelot , par la Chambre , figné , Lebret , & fcellé le cinq Mai préfent mois, figné Remy , portant Homologation des noûveaux Statuts & Réglements concernant le Régime & la Difcipline de la Communauté des Marchands Fabricans & Débitans de Vinaigre de la Ville , Fauxbourgs & Banlieue d'Orléans, pour être exécutés fuivant leur forme & teneur.

LA Requête à Nous préfentée par Louis Moizard , Syndic , & Henry Daudin , Adjoint de la Communauté des Maîtres Marchands Fabricans & Débitans le Vinaigre, de cette Villle , Fauxbourgs & Banlieue d'Orléans , à ce qu'il nous plaife ordonner, que ledit Arrêt fera lu & publié Notre Siege tenant , Regiftré en notre Greffe & fur les Regiftres de leur Communauté,

imprimé & affiché par-tout où besoin
sera , ainsi qu'il est porté audit Arrêt,
ladite Requête signé en fin Lenormant,
pour l'absence de Me, Tivier , leur
Procureur.

Notre Ordonnance de soit com-
muniquée au Procureur du Roi , du
trente Mai présent mois.

Conclusions du Procureur du Roi,
en date dudit jour trente Mai.

LE TOUT CONSIDÉRÉ ; Nous ordonnons, oüi & ce consentant le Procureur du Roi ; que l'Arrêt de la Cour
de Parlement de Paris du vingt--quatre
Avril mil sept cent quatre-vingt-un ,
sera lu & publié , notre Siége ordinaire de Police tenant en la maniere
acccoutumée , pour être exécuté selon

sa forme & teneur, ce fait, disons qu'il sera & demeurera regiftré, tant en notre Greffe, que fur le Livre de la Communauté des Vinaigriers, pour y avoir recours au befoin, imprimé & affiché par-tout où befoin fera, à ce que les Maîtres & Agrégés de ladite Communauté ayent à s'y conformer fous les peines portées.

DONNÉ par Nous, Lieutenant-Général de Police fufdit, à Orléans, en Notre Hôtel, le rente Mai mil fept cent quatre-vingt-un.

Signé, DOULCERON.

ARRÊT
DU CONSEIL D'ÉTAT
DU ROI,

CONCERNANT *la Communauté des Marchands, Fabricans & Debitans de Vinaigre à Orleans.*

Du 18 Janvier 1781.

Extrait des Regiſtres du Conſeil d'État.

VU par le Roi, étant en ſon Conſeil, la Déclaration du 30 Janvier 1778, portant établiſſement d'une Commu-ñauté de Marchands, Fabricans & Dé-bitans de Vinaigre dans la Ville d'Or-léans : Vu auſſi l'Edit du mois d'Avril 1777, qui ordonne que les anciens

Maîtres feront admis dans les nou-
velles Communautés en payant le quart
des droits fixés par le tarif, s'ils fe préfente dans le trois mois de la publica-
tion de l'Édit, & fur le pied de moitié
defdits droits après ledit délai expiré :
Et l'intention de Sa Majefté ayant tou-
jours été de former cette nouvelle Communauté de Marchands, Fabricans &
Débitans de Vinaigre à l'inftar des autres Communautés créées par l'Édit
d'Avril 1777, ainfi qu'Elle s'en eft ex-
pliquée par fadite Déclaration du 30
Janvier 1778 ; Sa Majefté a cru, pour
ôter toute efpece de doute, devoir
faire connoître fes intentions, tant fur
cet objet que fur les difficultés que
pourroit faire fa Chambre des Comptes d'admettre en recette les quittances expédiées par le Receveur général
de fes revenus cafuels, à quelques au-

ciens Maîtres fur le pied de la moitié
de la fixation defdites maîtrifes de Vinaigrier à Orléans , fous le prétexte
que les délais étant alors expirés il ne
devoient plus refter qu'agrégés à la nouvelle Communauté, en conféquence de
l'Art. III de ladite nouvelle Déclaration du 30 Janvier 1778. A quoi vou-
lant pourvoir : Oui le rapport du fieur
Moreau de Beaumont , Confeiller d'État
ordinaire , & au Confeil Royal des
Finances ; LE ROI ÉTANT EN SON
CONSEIL , a ordonné & ordonne ce
qui fuit : la Communauté des Marchands, Fabricans & Débitans le Vinaigre , créée pour la Ville d'Orléans ,
par la Déclaration du 30 Janvier 1778,
y jouira à l'inftar des autres Communautés créées par l'Édit d'Avril 1777 ,
de l'avantage accordé par l'Art. VIII
de cet Édit aux anciens Maîtres qui au-

ront passé les délais prescrits , d'être
admis dans la nouvelle Communauté en
ne payant les droits que sur le pied de
moitié de la fixation ; & en conséquence Sa Majesté a validé & valide en
tant que besoin toute les quittances
expédiées par le sieur Bertin, Receveur
général de ses Revenus casuels, sur le
pied de la moitié de la fixation à diffé-
rens anciens Maîtres Vinaigriers de la
Ville d'Orléans, postérieurement au délai de tois mrois accordés par l'Art. III
de la Déclaration du 30 Janvier 1778,
& veut que la recette lui en soit passée
dans ses états & comptes sans difficulté;
& seront sur le présent Arrêt toutes
Lettres nécessaires expédiées. FAIT au
Conseil d'État du Roi , Sa Majesté y
étant , tenu à Versailles le dix - huit
Janvier mil sept cent quatre-vingt-un.

Signé, AMELOT.

www.ingramcontent.com/pod-product-compliance
Lightning Source LLC
Chambersburg PA
CBHW070748220326
41520CB00052B/3103